물 아저씨 과학 그림책 7
알록달록 색깔이 좋아

2016년 5월 1일 1판1쇄 발행 | 2025년 3월 15일 1판20쇄 발행

글·그림 | 아고스티노 트라이니   옮김 | U&J
펴낸이 | 나성훈   펴낸곳 | (주)예림당
등록 | 제2013-000041호   주소 | 서울시 성동구 아차산로 153
구매 문의 전화 | 561-9007   팩스 | 562-9007
책 내용 문의 전화 | 3404-9228
http://www.yearim.kr

책임 개발   박효정 / 서인하 문새미   디자인   이정애   콘텐츠 제휴   문하영
제작   신상덕 / 박경식   마케팅   임상호 전훈승

ISBN 978-89-302-6864-6 74400
ISBN 978-89-302-6857-8 74400(세트)

이 책의 한국어판 저작권은 (주)예림당과 Atlantyca S.p.A.사와의 독점 계약으로 (주)예림당에 있습니다.
저작권법에 의해 한국 내에서 보호를 받는 저작물이므로 무단 전재와 복제를 금합니다.

All names, characters and related indicia contained in this book, copyright of Edizioni Piemme S.p.A.,
are exclusively licensed to Atlantyca S.p.A. in their original version. Their translated and/or adapted
versions are property of Atlantyca S.p.A. All rights reserved.
Text and illustrations by Agostino Traini

©2013 Edizioni Piemme S.p.A., Palazzo Mondadori – Via Mondadori, 1 – 20090 Segrate
©2016 for this book in Korean language – YeaRimDang Publishing Co., Ltd.
International Rights   Atlantyca S.p.A. - foreignrights@atlantyca.it - www.atlantyca.com
Original Title: CHE BEI COLORI, SIGNOR ACQUA!
Translation by : 알록달록 색깔이 좋아

No part of this book may be stored, reproduced or transmitted in any form or by any means, electronic
or mechanical, including photocopying, recording, or by any information storage and retrieval system,
without written permission from the copyright holder. For information address Atlantyca S.p.A.

물 아저씨 과학 그림책 7

알록달록 색깔이 좋아

글·그림 아고스티노 트라이니

"심심해, 정말 따분해!"
물 아저씨가 작은 웅덩이에서 한숨을 푹 내쉬었어요.
예전에는 찰랑찰랑 물이 가득한 연못이었는데,
오랫동안 비가 내리지 않아 점점 말라 버린 거예요.

비가 와서 물이 불어나지 않으면, 물 아저씨는 다른 곳으로 갈 수가 없어요. 꼼짝없이 갇힌 신세였지요.

그러던 어느 날, 화가 카르미노가 갖가지 물건들을
잔뜩 짊어지고 산에 올라왔어요.

"물 아저씨, 안녕하세요? 파란 하늘, 초록 숲…….
세상은 정말 아름다운 색깔로 가득하지요?"
카르미노는 풀밭에 이젤을 세우더니 물통, 물감, 팔레트,
의자, 붓, 커다란 종이를 펼쳐 놓았어요.

카르미노는 먼저 물통에 물을 한가득 채웠어요.
그리고 노란 물감으로 해 아저씨를 그렸어요.

노란 물감이 묻은 붓을 물통에 헹굴 때마다
물 아저씨는 점점 노랗게 변했어요.
"우아, 노란색이 되었네!"

이번에는 카르미노가 하늘을 그리기 시작했어요.
팔레트에서 파란색을 골라서 쓱쓱 칠했지요.

하늘을 다 그린 카르미노는 물통에 붓을 흔들어 씻었어요.
"난 이제 하늘처럼 파랗게 되겠지?"
하지만 물 아저씨는 파란색이 아니라 초록색으로 변했어요.
물 아저씨는 어리둥절했어요.

"색깔을 섞으면 또 다른 색깔이 되거든요."
카르미노가 붓을 헹굴 때마다 물 아저씨도 다른 색깔로 변했어요.

카르미노가 마침내 그림을 완성했어요.
"카르미노, 색깔 놀이 정말 재밌었어. 기분이 좋아졌어."
신이 난 물 아저씨가 싱글벙글거렸어요.
"저도 알록달록한 색깔이 좋아요. 마음이 행복해지거든요."
카르미노가 활짝 웃었어요.

우르릉, 쾅! 갑자기 멀리서 천둥소리가 들려왔어요.
카르미노는 허둥지둥 짐을 챙겨 산 아래로 뛰어갔어요.

주룩주룩, 쏴! 하늘에서 굵은 빗방울이 쏟아졌어요.
알록달록했던 웅덩이는 어느새 맑은 연못이 되었지요.
물이 불어나자, 물 아저씨는 새로 생긴 물길을 따라 내려갔어요.

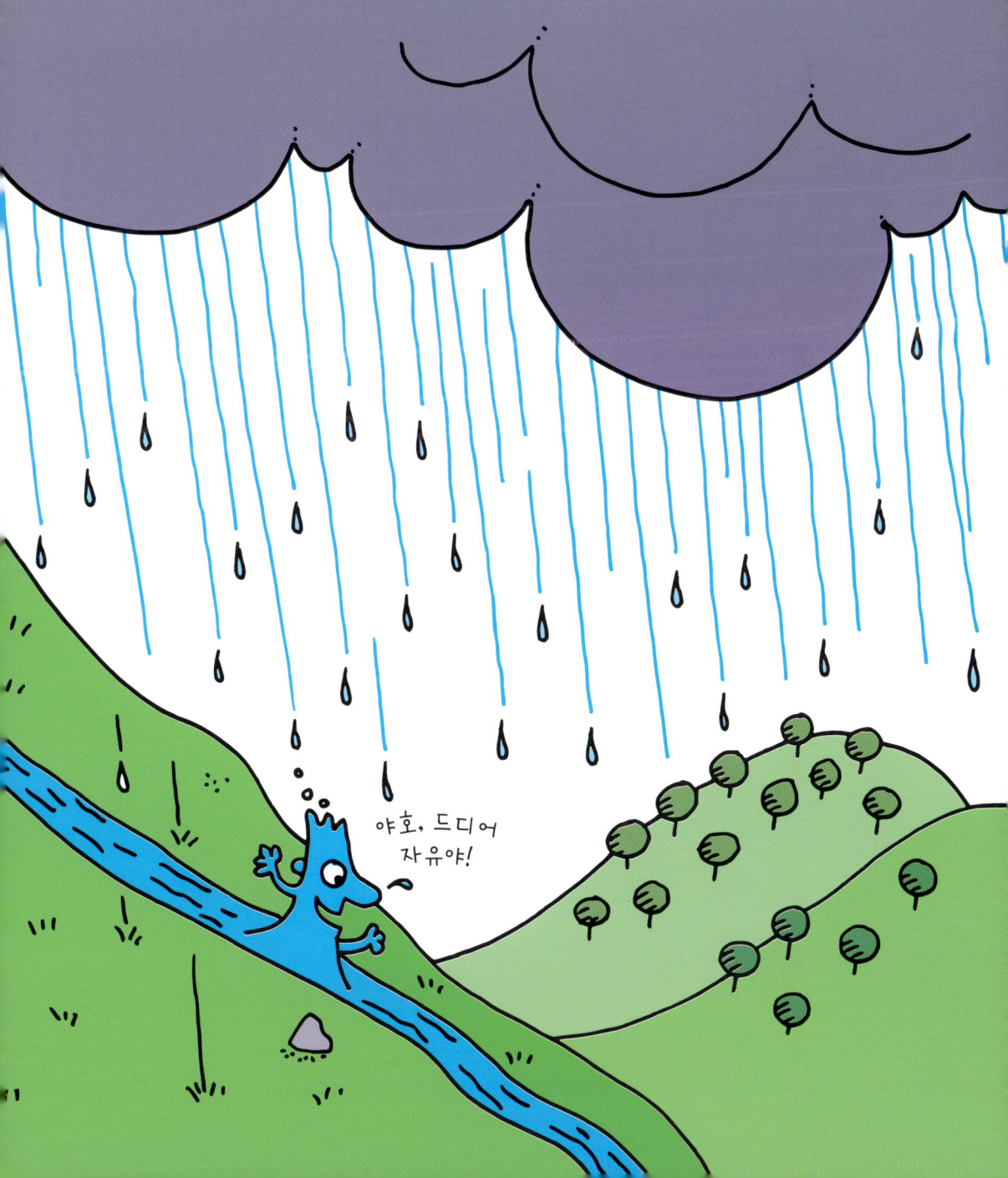

야호, 드디어 자유야!

바다에 이른 물 아저씨는 친구들을 불러 모았어요.
카르미노와 함께했던 재미난 색깔 놀이에 대해 들려주었지요.
친구들은 모두 신기해하며 이야기를 들었어요.

다음 날 아침, 작은 새가 바다로 날아왔어요.
온통 검게 그을어 몹시 지쳐 보였어요.
"너는 어디서 왔니?"
물 아저씨가 걱정스러운 얼굴로 물었어요.
"색깔이 사라진 도시에서 왔어요. 하늘이 어두컴컴해서
사람들이 모두 슬퍼하고 있어요."

"저런, 우리가 색깔을 찾아 주자!"
해 아저씨가 햇볕을 쨍쨍 내리쬐었어요.
물 아저씨는 수증기가 되어 하늘 높이
올라가 구름이 되었지요.
공기 아줌마는 바람을 후욱 불어
물 아저씨를 밀어 주었어요.
"저를 따라오세요."
작은 새가 앞장섰어요.

이쪽이에요!

지글지글
잘 익었다!

물 아저씨가 도착해 보니, 도시는 온통 검은 연기로 자욱했어요.
공장에서 풀풀 나오는 연기가 도시 전체를 뒤덮고 있었지요.
물 아저씨는 아래로 내려가 찬찬히 살펴보았어요.

"어? 카르미노가 여기 사네!"
그런데 반가운 마음도 잠시, 물 아저씨는 깜짝 놀랐어요.
카르미노는 그림도 그리지 않고 몹시 우울해 보였거든요.
이웃 사람들도 모두 슬퍼 보였어요.

물 아저씨는 당장 친구들에게 계획을 얘기했어요.
공기 아줌마가 바람을 불어서 검은 연기를 멀리 날려 보내고,

해 아저씨가 햇빛을 쨍쨍 비추었어요.
물 아저씨가 소나기를 주룩주룩 내리자
짜잔, 아름다운 무지개가 나타났어요!

"우아, 검은 연기가 사라지고 알록달록한 도시로 돌아왔어."
카르미노는 당장 무지개 그림을 그리기 시작했어요.

일곱 색깔 무지개가 정말 예뻐!

랄랄라~

하늘 참 맑다!

예쁜 색깔이 가득한 도시를 보고 다들 행복해했지요.

물 아저씨는 무지개를 공장 안까지 데려갔어요.
공장장 아저씨 위로 무지개가 활짝 펼쳐지자, 아저씨의 머릿속에도
아름다운 색깔이 가득 떠올랐어요.

공장장 아저씨는 당장 공구를 찾아들고 기계를 고치기 시작했어요.
"오늘부터 우리 공장에서는 색색깔 예쁜 천연 물감을 만들 거야."

이제 도시가 맑고 알록달록해졌어요.
카르미노는 예쁜 무지개 아래에서 환하게 웃고 있는
물 아저씨를 멋지게 그렸답니다.

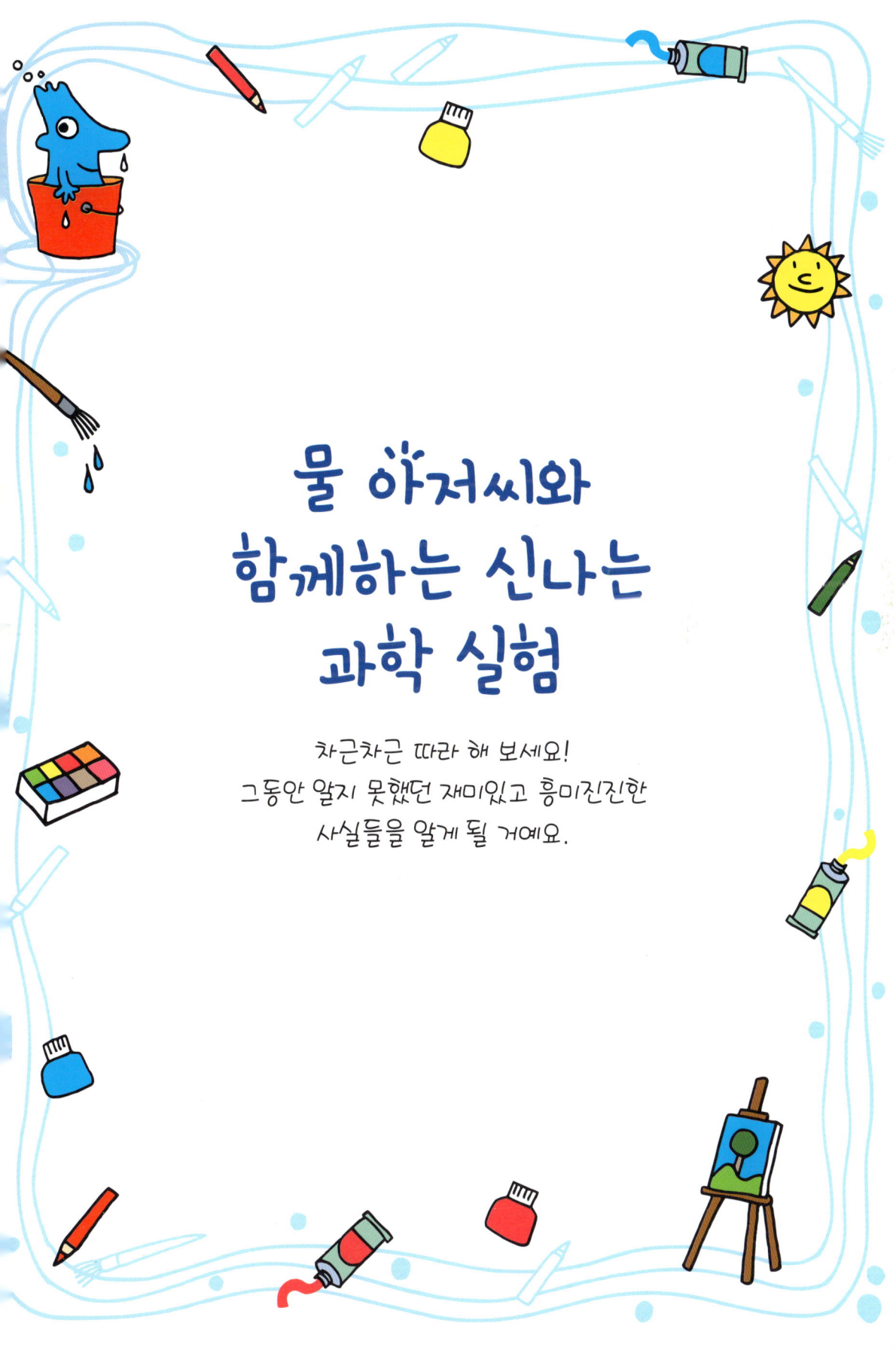

물 아저씨와 함께하는 신나는 과학 실험

차근차근 따라 해 보세요!
그동안 알지 못했던 재미있고 흥미진진한
사실들을 알게 될 거예요.

알록달록 색깔 놀이

준비물

노랑, 파랑, 빨강 잉크

난이도

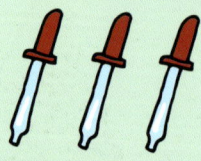
스포이트 3개
1개만 있어도 되지만, 1개만 쓸 때는
매번 깨끗하게 씻어야 해요.

깨끗한 물이 담긴 유리병 또는
투명한 플라스틱 병

막대기 1개

1

물이 채워진 병에
파란 잉크를 스포이트로
한 방울 떨어뜨려요.

물방울 무지개

준비물

 분무기

해  물

난이도
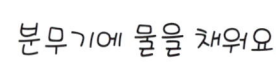

① 분무기에 물을 채워요.

② 분무기에서 물이 안개처럼 뿜어져 나오도록 입구를 조정해요. 물방울이 비처럼 굵게 나오면 안 돼요.

아고스티노 트라이니는 누구일까요?

저는 1961년에 태어났어요. 어렸을 때는 몰랐어요.

커서 그림책을 만드는 사람이 될 줄 말이에요.

한 권의 책을 만들려면 먼저 좋은 생각이 떠올라야 해요.

보통은 재미있는 등장인물들이 머릿속에 떠올라요.

엉뚱한 상황들도요.

하지만 가끔은 아무 생각도 나지 않을 때가 있어요!

생각이 떠오르면 그림을 그리기 시작해요. 먼저 연필로 그린 다음, 검은색 잉크로 다시 그려요.

그런 다음, 모든 장면을 색칠해요. 붓과 물감을 쓰기도 하고

컴퓨터로 작업할 때도 있어요. 이 책은 컴퓨터로 만들었어요.

이 모든 작업이 끝나면 인쇄해서 책이 완성됩니다. 정말 행복한 순간이지요!

Agostino Traini

아래의 주소로 저에게 이메일을 보낼 수 있어요.
agostinotraini@gmail.com

물 아저씨 과학 그림책

과학 공부의 시작은 물 아저씨와 함께! 세상 곳곳의
신기한 과학 현상을 배우며 지적 호기심을 가득 채워 보세요!

글·그림 아고스티노 트라이니 | 175×240mm | 32~48쪽

    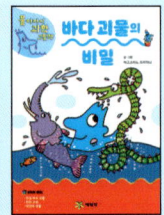

1. **물** 아저씨는 변신쟁이
2. **공기** 아줌마는 바빠
3. **해** 아저씨는 밤이 궁금해
4. 키다리 **나무** 아저씨의 비밀
5. **계절**은 돌고 돌아
6. 물 아저씨와 **감각** 놀이
7. 알록달록 **색깔**이 좋아
8. **화산**은 너무 급해
9. 물 아저씨는 **힘**이 세
10. **농장**은 시끌벅적해
11. 바람 타고 **세계** 여행
12. **불** 아저씨는 늘 배고파
13. **폭풍**은 이제 그만
14. 물 아저씨와 **몸속** 탐험
15. 옛날에 **공룡**이 살았어
16. **파도**가 철썩 지구가 들썩
17. **바다 괴물**의 비밀